LETTRE

AUX

CONSEILLERS MUNICIPAUX

SUR LES

ÉLECTIONS SÉNATORIALES

PAR

PEAUGER

Ancien Rédacteur du *Progressif de la Haute-Vienne*

Monsieur le Conseiller municipal,

La République qui était, depuis la chute de l'Empire, le gouvernement de fait de la France, est devenue, vous le savez, son gouvernement *légal*, son gouvernement *définitif*, en vertu de la Constitution votée le 25 février dernier par l'Assemblée nationale.

Cette Constitution décide que la France sera désormais gouvernée par un président de République, sous le contrôle et avec l'assistance de deux Chambres, — une Chambre de députés et une Chambre de sénateurs.

La Chambre des députés sera élue par le suffrage universel direct.

La Chambre des sénateurs doit être élue par un corps électoral qui se composera, pour chaque département :

1° Des députés, des conseillers généraux et des conseillers d'arrondissement de ce département ;

2° Des électeurs délégués par toutes les communes du département, à raison d'un délégué par commune.

Ces deux Chambres, vous le comprenez à merveille, par cela même qu'elles différeront d'origine, devront aussi différer de tempérament. Mais notez bien ceci : je dis de tempérament et non d'opinion.

La Chambre des députés aura les qualités de la jeunesse ; c'est-à-dire l'esprit d'initiative, l'amour du progrès.

La Chambre des sénateurs devra avoir, au contraire, les qualités de la vieillesse, — mais j'entends de la vieillesse intelligente — à savoir : la prudence, le bon sens, l'expérience.

Dans ces conditions, si toutes les deux sont également attachées au nouvel ordre de choses, également dévouées au maintien et au développement d'une République sagement mais franchement progressive — la France, désormais à l'abri des orages du passé, peut compter sur de longues années de repos et de prospérité.

Si, au contraire, ces deux Chambres sont partagées d'opinions, il faut s'attendre à des déchirements, à des conflits, à des luttes qui n'auraient d'autre effet que de troubler la France, et cela sans profit pour personne, ainsi que je vais essayer de vous le démontrer.

II

Une comparaison me fera mieux comprendre.

Supposez qu'un père et son fils prennent en location une ferme pour la faire valoir en commun.

Le père est un homme de sens et d'expérience. Il a vieilli dans la pratique de la culture. Ses façons de faire ne sont peut-être pas les meilleures, mais elles sont bonnes et d'un résultat sûr. Comme il est peu versé dans les théories agricoles, il est naturellement peu porté aux innovations, non pas qu'il y répugne, seulement, il a pour principe de ne les adopter qu'à bon escient — lorsqu'il lui est bien prouvé qu'il y a un réel avantage à le faire, et qu'elles constituent un progrès sérieux. — En un mot, il a beaucoup de confiance dans les vieux errements qui lui sont familiers, et se tient dans une prudente réserve vis-à-vis des procédés nouveaux préconisés par la science.

Le fils, lui, sort d'une école d'agricul-

ture. Il en rapporte peu de pratique, il est
vrai, mais beaucoup de science — et une
science solide. Il a étudié tous les sys-
tèmes De chacun d'eux, il connaît le fort
et le faible. Très-prévenu contre la routine, il sent la nécessité d'en réformer les
abus. — A des pratiques inintelligentes, qui
n'ont d'autre autorité qu'une longue exis-
tence, il veut substituer des pratiques ra-
tionnelles, fondées sur les données de la
science moderne. — En un mot, il aime
le progrès, il en comprend la nécessité et
n'est disposé à faire à la routine, que la
somme de sacrifices strictement nécessaire.

Mettez maintenant à l'œuvre ces deux
hommes.

Il est bien certain qu'ils ne seront pas
toujours d'accord. Sur bien des points, ils
différeront de sentiments. — Mais comme
ils sont tous deux intelligents, et qu'ils
veulent l'un et l'autre, en somme, et avant
tout, voir prospérer leur association; — ils
se feront de mutuelles concessions, et fi-
nalement arriveront toujours à s'entendre.

Exemple : Voici un pacage qu'il s'agit
de transformer en prairie. — Le père a
son système d'irrigation, — le fils a le
sien. Qui des deux l'emportera ?

Admettez que le fils arrive à démontrer que le sien est préférable. Le père devra s'incliner.

Mais si, de son côté, il prouve à son fils que ce système, quoique supérieur théoriquement, doit être écarté, ou qu'on en doive ajourner l'application par telles raisons pratiques dont les conséquences lui avaient échappées, ce sera au tour du fils de s'incliner, — de reconnaître qu'il avait tort.

Et voilà, Monsieur, ce qui se passera entre la Chambre des sénateurs et celle des députés, si toutes deux sont républicaines.

Mais supposez, au contraire, que de nos deux agriculteurs, l'un veuille mettre tout en prés et l'autre tout en vignes. — Dans ce cas, plus d'entente possible. L'association ne pourra pas tenir. — Ils se sépareront et la ferme restera, naturellement, à celui dont le genre de culture agréera le mieux au propriétaire.

C'est là encore, et identiquement, ce qui ne manquerait pas de se produire, si la Chambre des députés étant républicaine — et elle le sera — la Chambre des sénateurs était monarchiste.

Les deux Chambres se trouveraient immédiatement aux prises, et après une lutte plus ou moins vive, mais qui, en tout cas, ne saurait être longue, le terrain resterait naturellement à celle qui aurait pour elle l'opinion publique — c'est-à-dire à la Chambre des députés.

III

Or, cette Chambre, comme je viens de vous le dire, sera républicaine.

Nul n'en doute, même parmi les plus déclarés ennemis de la République. — Savez-vous pourquoi, Monsieur ?

C'est parce que la France elle-même est républicaine. — Et ce n'est pas d'hier.

M. Thiers, il y a de cela deux ans passés, alors qu'il était au pouvoir, l'avait constaté ; — et de la haute situation qu'il occupait, il était — il faut en convenir — mieux placé que personne pour juger de l'opinion publique et en suivre les mouments.

Aussi, en homme de bon sens, et de bonne foi, qui met au-dessus de toutes choses le bonheur de son pays et sait s'incliner devant sa volonté, — n'hésita-t-il pas à instruire la Chambre de ce qu'il avait vu, de ce qu'il avait pour ainsi dire touché du doigt.

« La France, dit-il aux monarchistes « de l'Assemblée, lassée et rebutée par « toutes les monarchies dont elle a succes- « sivement essayé et qu'elle a dû renver- « ser, est devenue et restera républicaine.

« Prenez-en donc votre parti, — et au « lieu de persister dans des espérances « chimériques, au lieu de poursuivre des « tentatives de restauration monarchique « qui ne peuvent aboutir, — suivez mes « conseils, imitez mon exemple : vous « rappelant qu'avant d'être des monar- « chistes vous êtes des Français, apportez « loyalement à votre pays votre concours « pour la mise en œuvre des nouvelles ins- « titutions qu'il prétend adopter.

« La France veut la République. — « Aidez-la à la faire. »

Ces conseils étaient sages. — Pourtant vous vous rappelez comment ils furent accueillis.

Les monarchistes traitèrent M. Thiers en prophète de malheur. — Ils se vengèrent des révélations désagréables qu'il avait cru devoir leur faire, en le forçant à quitter le pouvoir.

Semblables en cela à ces matelots imprudents qui, dans l'aveuglement de leur colère, jettent à la mer le sage pilote qui se refuse à les conduire sur un écueil où leur embarcation doit infailliblement se briser.

Ils ne tardèrent pas, du reste, à se convaincre que M. Thiers leur avait dit vrai.

Et, ce qui le prouve, c'est que : — d'une part, toutes les tentatives de restauration monarchique reprises avec ardeur, après la chute de M. Thiers, échouèrent misérablement, et que, — d'autre part, cette même Assemblée qui, le 24 mai 1873, renversait M. Thiers pour l'empêcher de faire la République, — l'a proclamait, l'organisait elle-même, cette République, en faisait le gouvernement légal et définitif de la France, le 25 février 1875, c'est-à-dire moins de deux ans après.

I V

De tout cela, il doit résulter, ce me semble, pour les moins clairvoyants, que la Chambre des députés, qui dans quelques semaines va être élue, sera, en grande, et je dis plus, en très-grande majorité républicaine.

Cela étant, il faut que la Chambre des

sénateurs soit aussi et en majorité républicaine. — J'ajoute que tel doit être le vœu de tout bon citoyen, à quelque opinion qu'il appartienne.

Oui, monsieur, je prétends que les monarchistes eux-mêmes doivent désirer, pour le repos de la France, que le Sénat soit républicain.

Et, en effet, que pourraient-ils espérer d'un Sénat monarchiste, aux prises avec une Chambre et une nation toutes les deux républicaines ?

Pensent-ils que, dans de semblables conditions, le Sénat se trouverait en mesure de tenter un dernier et suprême effort en vue d'une restauration monarchique ?

Non. — Ils ne peuvent sérieusement le croire. — Je dis plus ; ils savent très-bien que dans la lutte qui ne manquerait pas de s'engager entre la Chambre et le Sénat, celui-ci serait infailliblement vaincu.

A quoi donc leur aurait servi d'engager une partie perdue d'avance — de nommer un Sénat qu'ils sauraient devoir être brisé ?

A rien, si ce n'est à infliger à la France la plus inutile des révolutions.

Il dépend des conseils municipaux, au moins dans une large mesure, que cette dernière épreuve lui soit épargnée, — puisque les délégués choisis par eux formeront plus des deux tiers du corps électoral qui élira le Sénat.

Nommez donc des délégués républicains, afin qu'à leur tour ils élisent des sénateurs républicains.

Dans la plupart des communes, les maires élus par les conseils municipaux furent révoqués par les mêmes hommes qui quelques jours avant avaient renversé M. Thiers. Ces maires avaient votre confiance et votre estime, — et la révocation qui les a frappés n'a pu qu'augmenter, que fortifier en vous ces sentiments. Ils se trouvent donc, par là, naturellement désignés à vos suffrages, et je suis assuré qu'à peu d'exceptions près, chacun d'eux sera choisi par vous pour premier délégué. Je pense aussi que c'est auprès d'eux que vous prendrez conseil pour le choix du délégué suppléant.

Fiez-vous à leurs inspirations ; écoutez leurs avis, — ils ne peuvent vous tromper.

Mais, en revanche, tenez-vous en garde contre les conseils des maires qui les ont

remplacés. Ils ne peuvent vous en donner
que de mauvais, — car tous sont notoi-
rement, ouvertement hostiles à la République.

Défiez-vous surtout de ceux qui, fonc-
tionnaires ou simples particuliers, vous
sont connus pour des bonapartistes ou des
cléricaux, — et rappelez-vous que ce sont
les pires ennemis, je ne dis pas seulement
de la République, mais de la France.

V

Permettez-moi, maintenant, de vous
donner quelques indications pratiques sur
la façon dont vous devrez procéder à
l'élection de vos délégués.

En vertu de la loi sur le Sénat, chaque
conseil municipal doit élire :

1° Un délégué ;

2° Un délégué suppléant destiné à rem-
placer le premier dans le cas où, pour
une cause quelconque, celui-ci ne pourrait
se rendre au chef-lieu du département le
jour de l'élection des sénateurs.

L'élection de ces deux délégués aura
lieu le même jour à la mairie et au *scrutin
secret*.

Il faut donc, et cela, avant le jour où

vous serez convoqués pour cette double
élection, avoir débattu et arrêté le choix
du délégué et de son suppléant, avec vos
collègues. — Mais notez bien ceci : en
dehors du conseil municipal — chez l'un
de vous, par exemple, ou chez toute autre
personne.

Je vous conseille, en outre, de préparer
et pour le délégué et pour son suppléant
deux bulletius, — et vous allez en comprendre la raison.

Si vous êtes douze ou treize conseillers
municipaux dans une commune, et qu'au
dépouillement du scrutin, aucun des can-
didats délégués, n'ait réuni la majorité
absolue, c'est-à-dire sept voix, — il doit
être procédé à un second tour de scrutin où,
cette fois, est élu celui qui réunit le plus de
voix, quel que soit le nombre des votants.

Il y a donc lieu de prévoir, soit pour le
délégué, soit pour son suppléant, un second tour, et par suite de se munir,
comme je vous y engage, d'un double
bulletin pour chacun d'eux.

Maintenant, et cette observation est
importante, le jour où auront lieu les deux
élections, il vous est formellement interdit
d'engager, à *l'intérieur de la mairie,*

aucun débat, aucune discussion au sujet du choix de vos délégués. — Sur ce point, la loi est expresse. — En un mot, vous devez procéder, dans cette circonstance, absolument comme vous avez coutume de le faire dans toute élection municipale ou politique. — Il conviendrait même de faire consigner avec soin, au procès-verbal de l'élection, toute infraction à cette disposition de la loi.

Veuillez également noter et retenir que dans toutes les communes le maire aura la présidence du scrutin, mais qu'il ne pourra prendre part au vote, que s'il appartient lui-même au conseil municipal.

Quant à vos délégués, vous pouvez, à votre gré, les prendre, soit dans le sein du conseil municipal, soit en dehors, la loi n'exigeant d'eux qu'une chose — c'est qu'ils soient électeurs dans la commune.

Prévoyant le cas où vos choix pourraient porter sur des personnes qui ne se trouveraient pas en situation de faire, sans qu'il en résultât pour eux une certaine gêne, les frais de leur voyage et de leur séjour au chef-lieu du département, lors de l'élection des sénateurs, la loi a décidé qu'une indemnité semblable à celle qu'on

accorde aux jurés, serait allouée à tout
délégué qui en ferait la demande. — Ils
sont en tous cas assurés de trouver au mi-
lieu de leurs amis de la ville une cordiale
hospitalité.

Telles sont, à peu près, en ce qui con-
cerne l'élection des délégués, les disposi-
tions essentielles de la loi sur le Sénat.

Je crois qu'il était utile de vous les rap-
peler, afin de vous prémunir contre les
interprétations inexactes, auxquelles, sur
plusieurs points, elle peut donner lieu.

Maintenant, monsieur, et je vous le ré-
pète en terminant cette longue lettre : si,
la Chambre des sénateurs est républicaine,
comme celle des députés, — l'avenir est
assuré à jamais, et la France n'oubliera
pas que c'est en grande partie à ses conseils
municipaux qu'elle en aura été redevable.

PEAUGER,

Ancien rédacteur du *Progressif*
de la Haute-Vienne.

P.-S. — Aux termes de la Constitution du 25 février 1875, l'Assemblée
nationale avait à élire soixante-quinze
sénateurs à vie. Cette élection vient d'être

terminée. En voici les résultats : de ces soixante-quinze sénateurs élus, *soixante-dix* étaient portés et soutenus par le parti républicain de l'Assemblée, et *cinq* seulement par les partis monarchistes coalisés.

Ce fait est considérable, car — si l'Assemblée nationale, après avoir vainement tenté, durant quatre années consécutives, de rétablir la monarchie en France, en est arrivée à lui donner la République comme gouvernement définitif — si cette même Assemblée, à la vieille de sa dissolution, ayant à nommer soixante-quinze sénateurs, les a choisis presque tous dans les diverses fractions du parti républicain, c'est que la France est républicaine et qu'on a beau vouloir lutter contre l'opinion publique, on finit toujours par céder à sa toute-puissante impulsion.

Que la conduite de l'Assemblée, dans ces deux graves circonstances, vous soit donc :

Un encouragement si vous êtes républicain ;

Un enseignement et un exemple, si vous êtes monarchiste.   P.

Moulins. — Imp. de FUDEZ frères.

www.ingramcontent.com/pod-product-compliance
Lightning Source LLC
Chambersburg PA
CBHW060735280326
41933CB00013B/2653